بِسْمِ اللهِ الرَّحْمٰنِ الرَّحِيْمِ

奉至仁至慈的安拉之名

这本书是一份特别的礼物，
是安拉ﷻ赐给一位特别孩子的。

愿它带你更亲近祂的爱、慈悯与光明

认识并爱真主

一本介绍真主的儿童读物

The Sincere Seeker Collection

真主 ﷻ 是独一无二的。
祂是慈爱的造物主，
创造了你、我，以及我们看到的一切。

每天，真主 ﷻ 都在照顾我们——
赐给我们美味的食物和温暖的床铺，
并保护我们平安。

真主 ﷻ 高于万物，
时刻以爱守护着我们。

真主 ﷻ 创造了巨大的行星，
也创造了微小的星体。
祂让地球成为我们美丽的家园。

夜晚，
星星闪烁，
照亮天空。
真主 ﷻ 创造了宇宙，
让我们满怀惊奇地欣赏。

真主 ﷻ 创造了皎洁的满月，
照亮夜空。
祂让轻柔的云朵静静漂浮在我们上方。

祂降下雨水，
让植物生长，
并洁净大地。
祂送来风与太阳的温暖，
使万物茁壮成长。

真主 ﷻ 创造了冷水和温水。
祂创造了流淌的河流、
波涛翻涌的大海，
以及深邃的海洋，
里面有奇妙的生物。

真主 ﷻ 让海浪起伏——
有时温柔，
有时强烈。

真主 ﷻ 创造了高耸入云的山峰。
祂创造了在阳光下闪闪发光的小雪丘。

每一座山都展现着祂的力量与美丽。

真主 ﷻ 创造了结满香蕉和橙子的果树。
祂用五彩缤纷的花朵与甜美的香气装点世界。

有的花开在花园里；
有的在田野里自然生长。
每一朵花都是真主 ﷻ 赐予我们的特别礼物，
让我们欢喜。

真主 ﷻ赐给我们家庭，
让我们彼此相爱、
互相关怀。
父母保护我们，
疼爱我们的兄弟姐妹一
起玩耍和分享。

家庭是一
份特别的礼物。

真主 ﷻ 创造了大型动物。
比如长鼻子的象。
还有毛茸茸的熊。

祂创造了绿绿的鳄鱼，
牙齿尖尖的。
还有巨大的鲸鱼，
在深海里游来游去。

真主 ﷻ 也创造了小动物。
比如小小的瓢虫。
还有嗡嗡飞舞的蜜蜂。

祂创造了蚂蚁、
蚱蜢和在微风里飞舞的蝴蝶，
也创造了穿梭天空的蜻蜓。

每一种都展现着真主 ﷻ 奇妙的创造力！

真主 ﷻ 赐给我们健康的食物和饮品，
让我们强壮成长。
我们有新鲜的面包、甜甜的葡萄、
香甜多汁的苹果和金色的蜂蜜。

还有黄黄的奶酪、
香浓的牛奶和鲜美的鸡肉！
每一口、每一滴都是真主 ﷻ 的恩典。

感谢你，
真主 ﷻ，
赐给我们这么多美味的食物！

真主 ﷻ 赐给我们生命，
也赐给我们许许多多的恩惠！
温暖的家，
还有带我们去快乐旅行的车。

两只手用来建造，
两只眼用来看见，
两只耳用来聆听。
还有一颗因爱而跳动的心。

感谢你，
真主 ﷻ，
赐给我们这些美好的礼物！

真主 ﷻ 看见并听见一切，
连我们最安静的想法也知道。
祂知道我们心里有什么，
也知道我们内心的感受。

祂留意我们的快乐念头与善良行为。
真主 ﷻ 总是以关怀与慈爱守护着我们

真主 ﷻ 爱我们，
超过我们能想象的程度！
祂的爱比大海更深，
比太阳更明亮。

当我们欢笑或哭泣，
当我们玩耍或礼拜时，
祂都照顾着我们。
让我们用记念真主 ﷻ、
向祂祈祷并行善来表达我们的爱！

一切美好都来自真主 ﷻ。
祂是天地的光。

真主 ﷻ 用祂的光引导我们，
帮助我们的心选择正确。
当我们行善时，
我们的心也会发光。

我们向真主 ﷻ 祈祷，
因为祂创造了我们，
并深深地爱着我们。
我们也爱祂。

当我们求助时，
真主 ﷻ 听见我们，
并以最好的方式回应。
我们随时都能对真主 ﷻ 倾诉——
——开心时、难过时都可以。

真主 ﷻ 总在身边，并且聆听。

真主 ﷻ 应许天堂给信仰祂并行善的人——
那是一个充满喜乐、愿望成真的地方。

甘甜的蜂蜜与乳汁的河流将奔流不息。
花园里会开满永不凋谢的花。

那里有美味的果实、
美丽的衣裳和无尽的幸福。
让我们爱真主 ﷻ、
行善并尽力而为——
有一天我们就能在天堂与祂相会！

结束

愿这段旅程带你更亲近
安拉ﷻ无限的爱与智慧。

www.ingramcontent.com/pod-product-compliance
Lightning Source LLC
Chambersburg PA
CBHW081307140626

46546CB00022B/3461